5つのステッチでできる

annasの
アンナス

刺繡工房

布と紙でたのしむニードルワークの贈りもの

川畑杏奈

日本文芸社

刺繍作家として活動をはじめる前、
モンテッソーリの幼稚園で、3年間、先生として働いていました。
そのとき、女の子たちにとても人気だったのが紙刺繍です。
初心者の方に、もっと気軽に刺繍を楽しんでもらえたら——と
考えていたときに、そのことをふと思い出し
試作をしてみたのがこの本のはじまりです。

布に刺繍をするのと違い、紙に穴をあけながら刺す紙刺繍では
使えるステッチの種類に限りがあります。けれどその制約こそが
新しいデザインを生み出すきっかけになりました。
紙と糸という異素材の組み合わせも新鮮で……。

この本で紹介する図案は、紙と布、どちらでも楽しめます。
しかも、使うステッチはたったの5種類。
まずは身近なものに少し刺してみて
刺繍の楽しさを味わってもらえたらうれしいです。

CONTENTS

 本書の作品はすべて5つのステッチでできています。作品で使用した
ステッチは、ページ番号の下のマークでわかるようになっています。

バック・S　　ストレート・S　　レゼーデージー・S

フレンチノット　　スパイダーウェブローズ・S

PAGE

6, 7　小さなワンポイントモチーフ / メッセージカード＆ブローチに

8, 9　お花屋さん / ブックカバーに

10, 11　タンポポのサンプラー / ハンカチに

12, 13　森からのおくりもの / ピンクッションに

14, 15　バラとヒナゲシの連続模様 / キーケースに

16, 17　ボタニカルモチーフのサンプラー / 色糸でワンポイントステッチ

18, 19　フラワーコレクション / リボンにステッチ

20, 21　初夏のリース / ラッピングに

24　北欧のまち並み

25　北欧の夏

26, 27　ワンポイントモチーフのコースター

28　サマーバケーション

29　ティータイム

30, 31　花とレースの連続模様 / 封筒にステッチ

32, 33　ワイルドフラワー / 手帖としおりに

34, 35　メッセージタグ＆ラベル

36, 37　グリーティングカード

38, 39　ハーブガーデン

22, 23　*column* 植物モチーフの空想図鑑

刺繍をはじめる前に…

TOOLS 道具

40　布に刺すとき

41　紙に刺すとき

MATERIALS

42　糸と材料

TECHNIQUE & LESSON

44　刺繍の基本

49　**HOW TO MAKE**

83　切って使える実物大図案

Small motif
小さな
ワンポイントモチーフ
How to make > p.52

簡単なステッチを繰り返し刺すだけで
愛らしいモチーフが次々に誕生。
ステッチをいくつか組み合わせれば
可憐な花モチーフのでき上がり。

メッセージカード&ブローチに

How to make > p.53

フェルトにワンポイント刺繍をして、まるくカットすれば
キュートなブローチがあっという間に完成します。
メッセージカードにもステッチをプラスして。

a

Lily of the valley

b

Anemone

Flower shop
お花屋さん

HOW TO MAKE > p.54, 55

スズランにポピー、アネモネ、チューリップ——。
面を刺し埋める代わりに、紙を重ねることで
いろいろな形の花を表現することができます。

c

poppy

d

Tulip

ブックカバーに　How to make ＞ p.56, 57

アネモネとスズランを組み合わせて、ブックカバーにアレンジしました。
ベースの紙を本に合わせて折り、バランスをみてステッチ位置を決めます。

Dandelion
タンポポの
サンプラー

How to make > p.58

花びらはレゼーデージー・ステッチ、綿毛には
ストレート・ステッチとフレンチノットというふうに
特徴に合わせてステッチを使い分けると表情が豊かに。

ハンカチに

シンプルな白いハンカチに
ワンポイト刺繍をあしらいました。
同じ図案でも、葉や茎の色を
少し変えるだけで印象が変わります。

Gift from the forest
森からのおくりもの

How to make > p.60

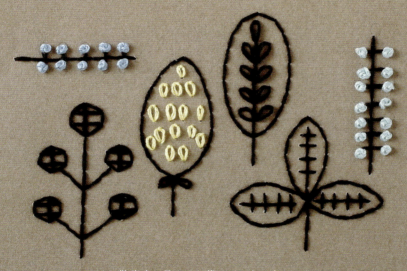

お散歩中に見つけた葉っぱや木の実を
標本ふうに並べてみました。
図案を考えるときは、曲線をなるべく
減らして単純化すると可愛くなります。

ピンクッションに HOW TO MAKE > p.61

カラーリネンにステッチして、小さなピンクッションに
仕立てました。吊り下げ用のひもをつければ
オーナメントやマスコットにもアレンジできます。

a b

c d

a

Rose & Corn poppy Running pattern
バラとヒナゲシの連続模様

How to make > p.62, 63

b

繊細でシックな雰囲気の花モチーフを2色でステッチ。
同じ図案を上下交互に繰り返し刺すことで
連続模様として楽しめます。

キーケースに　HOW TO MAKE > p.62

ヒナゲシを3色づかいにアレンジ。
やさしい色合いのカラーリネンに
落ち着いたトーンでステッチすると
上品にまとまります。

Botanical motif
ボタニカル
モチーフの
サンプラー

How to make > p.59

16

4 STITCHES

野原にそよぐ草花をスケッチして
1色刺繡のサンプラーに。6本どりで
ボリュームを出し、部分的に
3本どりでメリハリをつけています。

色糸で
ワンポイントステッチ

p.16の図案を1つずつ取り出して
3本どりでステッチしました。
糸の色を2～3色以内に抑えるのが
センスよく仕上げるコツです。

18

4 STITCHES

Flower collection
フラワーコレクション

How to make > p.64

葉と茎をトレリスに見立て、その中にいろいろな種類の
小さな花モチーフを1つずつステッチしました。
好きな図案を選んでワンポイント刺繍にしても素敵です。

リボンにステッチ

How to make > p.65

小さな花モチーフも、繰り返し刺せば連続模様に。
リボンやリネンテープにステッチして、麦わら帽子に巻いてもおしゃれ。

Early summer wreath
初夏のリース
HOW TO MAKE > p.66

新緑の中を自由に飛びまわるトンボ——。
そんなさわやかな初夏の庭をイメージ。淡いグリーンの画用紙を
リースに見立て、隙間を埋めるようにステッチします。

ラッピングに

p.20の図案からモチーフを抜き出して、ランダムに散らしてみました。
白い糸でふんわりやさしくステッチして、大切なあの人へ贈りましょう。

column

植物モチーフの
空想図鑑

1 / p.25の図案の一部を取り出して、紙刺繍にアレンジ。 **2・3** / 野に咲く姿が可憐なスズランやスミレ。モノトーンでステッチしてから、透明水彩絵の具で着色を（作り方はp.67）。 **4** / p.36の花モチーフを配色を変えてステッチ。 **5** / p.32のワイルドフラワーを3色づかいにアレンジしました。パステルカラーでふんわりやさしい印象に。

子どものころ、夢中で眺めた植物図鑑。理科室の片隅にあった鉱物の標本――。図鑑や標本って、大人になった今でも眺めているだけでわくわくするから不思議です。そこで、この本に登場する植物モチーフを布や紙に刺して、箱に並べてみました。みなさまもぜひ身近な自然モチーフを刺繍して、自分だけの空想図鑑を作ってみませんか?

6 / p.16のリーフモチーフをフェルトにステッチ。白×ペパーミントグリーンでさわやかに。
7 / p.20のトンボも、カラーリネンに刺すとひと味違った雰囲気が楽しめます。

23

House & Tree
北欧のまち並み

HOW TO MAKE > p.68

緑があふれる北欧ののどかな風景をイメージしました。
模様の可愛いラッピングペーパーをところどころに重ねて。

 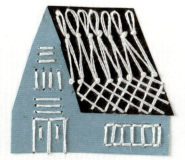 

Scandinavian summer

北欧の夏

HOW TO MAKE > p.69

25

4 SUCCES

夏の草原を思わせる鮮やかなグリーンのリネンに、北欧のモチーフを
散りばめて。フェルトを重ねることで、ほどよい立体感が生まれます。

One point motif
ワンポイントモチーフのコースター

How to make > p.70, 71

c

花びらや葉などの面を線で表現しました。
ステッチの組み合わせをほんの少し変えるだけで、
バリエーションが広がります。
2色づかいで大人っぽい雰囲気に。

e

d

27

Summer vacation
サマーバケーション

How to make > p.72

水着にサンダル、かごバッグ——
楽しい夏の思い出をとじ込めました。
塗り絵のような感覚で、各パーツに
紙を重ね、その上に刺繍をプラスします。

Teatime
ティータイム

How to make > p.73

29

まるで外国の切手のような楽しいデザイン。
カップとポットは、本体の部分に紙を重ねています。
プレゼントに添えても喜ばれそう。

Border pattern of flower & lace
花とレースの連続模様

a

How to make > p.74, 75

b

c

d

スカラップやフラワーモチーフがエレガントな連続模様。ハンカチやクロスの縁、ポケット口などにあしらうのもおすすめです。

e

封筒にステッチ

市販の封筒にひと手間プラス。ブルーの封筒には**c**、
クリーム色の封筒には**b**をそれぞれ2色づかいでステッチ。

Wild flower
ワイルドフラワー

How to make > p.76

レゼーデージー・ステッチを花に
フレンチノットをつぼみに見立て
2本どりで繊細に仕上げました。
グラシン紙を重ねるのも
ポイントです。

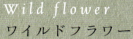

手帖としおりに

p.32の図案の一部を表紙に刺繍すれば、自分だけのオリジナルに。
落ち着いたトーンの配色で、全体をシックにまとめて。

a

c

b

d

Label & Tag
メッセージタグ&ラベル

How to make > p.78, 79

クラシカルな飾り枠や
エンブレム風のモチーフなど、
メッセージタグやラベルにぴったりの
デザインを集めました。

36

4 STITCHES

Greeting card
グリーティングカード
How to make > p.80, 81

a

b

大小さまざまな花モチーフを
バランスよく組み合わせたり、
文字を主役に
シンプルに
まとめたりと
アレンジは無限大。

c

Herb garden
ハーブガーデン

HOW TO MAKE > p.77

a

aは5色、bは2色。同じ図案でも配色でこんなに印象が変わります。多色づかいの場合は、各モチーフの色数を2〜3色に抑えるのがコツ。

刺繍をはじめる前に…

この本でご紹介する図案は、布と紙、どちらでも楽しんでいただけます。
必要な道具や材料、きれいに仕上げるために知っておきたい
刺繍の基本やコツなど、実際に作りはじめる前にぜひ参考にしてください。

道具〈布に刺すとき〉

1 刺繍枠
刺繍しやすいように布をピンと張るための枠。図案のサイズで使い分けますが、直径8〜10cmのものがおすすめです。

2 糸切りばさみ
刺繍糸を切るときに使います。小ぶりで先端がとがった、切れ味の良いものが1つあると便利です。

3 トレーサー（鉄筆）
複写紙を使って図案を写すとき、上からなぞるのに使います。インクの出なくなったボールペンでも代用できます。

4 チャコペン
布に図案を直接描くときや、写した図案が薄いときに描き足すのに使います。水で消えるタイプがおすすめです。

5 針
先のとがったフランス刺繍針を用意しましょう。針の太さは、25番刺繍糸の本数によって使い分けます。

6 手芸用複写紙
図案を布に写すときに使います。この本では、水で消える片面タイプのものを使用しています。白や赤などもあるので、布の色に合わせて使い分けるとよいでしょう。

1 スティックのり
紙を重ねて刺すときに使います。のびが良く、ムラなく塗れるスティックタイプが便利。

2 目打ち
紙にステッチ用の穴をあけるときに使います。先端がつぶれているときれいに仕上がらないので注意。針でも代用できます。

3 工作ばさみ
紙をカットするときに使います。小ぶりで刃先が細い、デザイン用のはさみがあると、細やかな作業がスムーズ。

4 針
先のとがったフランス刺繍針を用意しましょう。針の太さは、25番刺繍糸の本数によって使い分けます。

5 カッティングマット
紙をカットしたり、ステッチ用の穴をあけるときに使用。

6 トレーサー（鉄筆）
紙の上からなぞって、図案を写すときに使います。インクの出なくなったボールペンでも代用できます。

7 シャープペンシルと消しゴム
紙に図案を直接描くときや、写した図案が薄いときに描き足すのに使います。消しゴムとセットで準備して。

8 鉛筆
図案を写した紙の裏を塗りつぶすときに使用します。HBやBなど、やわらかめの芯のものがおすすめ。

道具〈紙に刺すとき〉

糸と材料

布や紙に刺繡をするときに、そろえておきたいおすすめの材料を紹介します。
ここに登場するのはほんの一部。
慣れてきたら好みの材料をいろいろ組み合わせて、アレンジを楽しんで。

25番刺繡糸
6本の細い糸をゆるく撚り合わせた、カラーバリエーションが豊富な木綿糸で、もっとも手に入りやすい刺繡糸です。図案や布の厚さに合わせて、1本どり、3本どり、6本どりというふうに引きそろえて使います。この本では、コスモ刺繡糸（ルシアン）を使用しています。

1 色画用紙
紙に刺繡をするときにベースとなる用紙で、A4やはがきサイズなどのカット紙が便利。タント、ラシャ、マーメイドなど、種類も風合いもさまざま。また、同じ種類でも厚さによって刺しやすいものと刺しにくいものがあるので、作り方ページを参考にいろいろ試してみましょう。

2 おりがみ
薄手でカラーバリエーションが豊富な無地のおりがみは、紙の上に紙を重ねて刺繡をするときにあると便利。

3 紙製コースター
形が可愛い市販の紙製コースターは、直接ステッチできるので便利です。厚すぎると刺繡がしづらいので注意。

4 包装紙やグラシン紙
模様の可愛い包装紙や透明で張りのあるグラシン紙は、作品に表情をプラスしたいときにおすすめです。

5 封筒
市販の封筒に紙刺繡をプラス。ほかにもメッセージカードや名刺、手帳、ノートなど、身近なものにステッチしてみて。

6 リボンや布テープ
麻や綿などの天然素材がおすすめ。ワンポイントや連続模様など、あしらい方によって楽しみ方もいろいろ。

7 布
伸びにくく、あまり目が粗くない麻や木綿が扱いやすくておすすめ。この本ではおもにカラーリネンを使用しています。事前に水通しをして布目を整えておくと、針通りがスムーズ。

8 フェルト
布に重ねて、面積を埋めたいときや立体感のある表情を出したいときに使用します。0.5〜2mmまで厚さもいろいろ。直接チャコペンで図案を描いて、ブローチにしても。

25番刺繍糸

刺繍の基本

糸の扱い方

1. 購入時は「かせ」と呼ばれる束の状態になっている。ラベルをいったんはずして、糸をすべて引き出す。

2. 糸端同士をそろえて2つ折りを2回、さらに3つ折りにして、約60cmの長さに。わになった部分はカットする。

3. ラベルを通してゆるく三つ編みにする。わになった部分から1本ずつ引き出し、必要な本数を引きそろえて使う。

糸の通し方

1. 針穴の部分に糸端をかけて2つ折りにし、指で押さえて折り山を作る。

2. 1の折り山を人さし指と親指で押さえたまま、針をいったん引き抜く。

3. 糸の折り山をしっかりつぶしてから、針のほうを近づけて針穴に糸を通す。

糸の本数で刺し上がりの雰囲気が変わります

同じステッチでも糸の本数によって刺し上がりがこんなに違います。繊細に仕上げたいときは1本どり、素朴な雰囲気が好みなら6本どりというように、糸の本数で変化をつけて。

S=ステッチ

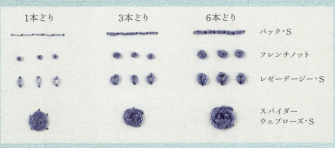

布に刺すとき

図案の写し方

1

2

3

布の上に手芸用複写紙の色のついた面を下に向けて置き、その上に図案を重ねてトレーサーでなぞる。

図案の薄い部分があれば、チャコペンでなぞって描き足す。

刺繍枠のはめ方

内枠の上に布を重ね、さらに上から外枠をはめる。太鼓のように布をピンと張り、緩んできたらそのつど張り直す。ねじを上にしておくと、糸が引っかからない。

刺しはじめ

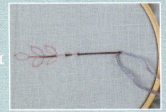

1

2

3

面を埋める部分が少ない図案を刺すときは、バック・Sから刺しはじめる。図案の上に並縫いを2目刺す。

糸端を約2cm残して糸を引き、1針戻ってバック・Sを刺す。

2で残した糸を際でカットし、残りの部分にバック・Sを刺す（裏側で糸がからまっているので、抜けない）。

刺し終わり

裏側に渡った糸に針を2〜3回からめてから糸を切る。ストレート・Sなど線上の部分では、4〜5回からめる。

TECHNIQUE & LESSON

45

紙に刺すとき

図案の写し方

1 図案をコピーするか手描きで写し、裏側を鉛筆で塗りつぶす。

2 刺繍をする紙に1の図案を重ね、上からトレーサーでなぞる。

3 カッティングボードの上でステッチ穴をあける。

刺しはじめ

糸端に玉結びを作り、紙の裏側から針を入れて刺しはじめる。

刺し終わり　〈その1〉

玉どめをするか、裏側に渡った糸に針を2〜3回からめてから糸を切る。

〈その2〉

玉どめをするのが難しい場合は、マスキングテープを貼ってもOK。

刺し方のポイント

〈T字に刺すとき〉

ストレート・SをT字に刺すときは、先に刺した糸に次の糸をかぶせるように刺すと、穴が目立たない。

〈カーブを刺すとき〉

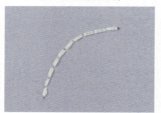

バック・Sでカーブを刺すときは、針目を細かくすると、きれいな曲線に仕上がる。針目の長さは2〜3mmが目安。

〈直線を刺すとき〉

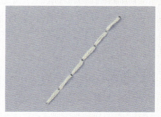

バック・Sで直線を刺すときは、針目を細かくしすぎないことがポイント。針目の長さは3〜4mmを目安に。

〈裏側もなるべくきれいに〉

（表）　（裏）

裏側に渡る糸がなるべく少なくなるよう、ひと筆書きをイメージして刺す。離れた場所を刺したいときは、裏側の糸にからめながら移動する。

ストレート・Sを何本も続けて刺すときは、裏側に渡る糸がなるべく短くなるように工夫しながら刺す。

〈糸はできるだけ割らないように注意しましょう〉

糸が割れたときは…

同じ穴に何度も刺すときは、針を上から入れるように刺し、順番を調整する。下から針を出すと糸が割れるので注意。

糸が割れていると見た目が美しくないので、針先や爪で整える。

〈ステッチ用の穴はなるべく共有して〉

 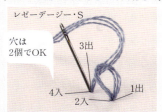 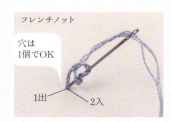

レゼーデージー・S
穴は2個でOK
3出
4入　2入　1出

フレンチノット
穴は1個でOK
1出　2入

穴をあけすぎると見た目が美しくないばかりか、紙が破れやすくなる。ステッチ穴をあける際はなるべく同じ穴を共有する（バック・Sの穴を使って葉を刺す）。

1から針を出して糸を引き出し、糸をループ状に残して同じ穴に針を入れる（2）。3から針を出してループに糸を通し、針目を調整して同じ穴に戻す。

1から針を出して糸を引き出し、針先に2回糸を巻きつける。同じ穴に針を入れ（2）、糸を引いてたるみをなくしてから針を抜く。

TECHNIQUE & LESSON

47

面を埋めるテクニック

紙に紙を重ねるときは…

1 図案をコピーするか手描きで写し、裏側を鉛筆で塗りつぶす。

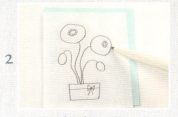

2 紙に1の図案を重ね、必要なパーツだけ図案を写す。

3 印通りにカットする。

4 ベースになる紙に1の図案を重ね、刺繍をする部分だけ図案を写す。

5 見本の作品を参考にしながら、バランスをみて各パーツをのりで貼り、目打ちで穴をあける。

6 5の穴にステッチをする。

布にフェルトを重ねるときは…

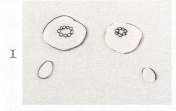

1 図案をコピーするか手描きで写し、はさみでカットして型紙を作る。

2 フェルトに1を重ね、チャコペンでまわりをなぞる。

3 印通りにカットする。あとは紙と同じ要領で布に図案を写し（複写紙を使用）、バランスをみながら各パーツを布に重ねて貼り、刺繍をする。

HOW TO MAKE

※ この本ではすべての作品にコスモ25番刺繡糸（ルシアン）を使用しています。
　糸の本数と色番号は作品ごとに記載しています。
　刺繡糸の色名のあとの（　）内の数字は、ルシアンの色番号です。
※ 紙は銘柄、色名または色番号の順に記載しています。
※ 各ステッチの刺し方は、p.50, 51「この本に登場する基本のステッチ」をごらんください。
※ 図案はすべて実物大です。
※ 実物大図案の・、■は、ステッチ穴の位置を示しています。
※ どの部分を何色で刺すかは、作品ページの写真をご確認ください。
※ 作り方ページの材料の用尺は、指定の場合をのぞき、幅×長さの順で実際の寸法より多めに記載しています。
※ フレンチノットは、指定以外すべて2回巻きです。

＊ステッチ名のあとのSはステッチの略です。　　＊作り方ページの長さの単位はcmです。
＊使用したステッチの数と種類がひと目でわかるよう、各ページにマークを入れています。詳しくは、p.4をごらんください。

この本に登場する基本のステッチ

✽ **ストレート・ステッチ**…花びらや葉、幾何学模様などを表現するときに使います。

1から出し、ステッチの幅をとって2に入れます。

✽ **バック・ステッチ**…茎や輪郭を刺すときに使います。
曲線部分では針目を細かくすると、きれいに刺せます（p.46 参照）。

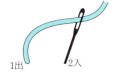 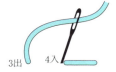 

1から出し、2に入れます。　　1〜2の針目と同じ間隔をあけて3から出し、4（1と同じ位置）に入れます。　　返し縫いの要領で1針ずつ戻りながら、等間隔で刺します。

✽ **フレンチノット（2回巻き）**…小さな花やつぼみ、花心、点などを表現するときに使います。
糸の本数や巻く回数で大きさを調整します。

1から出し、針に糸を2回巻きます。　　1のすぐそば（紙刺繍の場合は同じ穴）に入れ（2）、針を立てて糸を引きます。そのまま裏側に針を抜いて糸を引き締めます。

❋ レゼーデージー・ステッチ…花びらや小さな葉を表現するのに使います。
針目の長さを変えることで、さまざまな表情を見せてくれるステッチです。

[布に刺すとき]

1から出して2に入れ（1と同じ位置）、
3から出して針に糸をかけます。

針を抜いて針目の長さを調整して
から4に針を入れます。

[紙に刺すとき]

1から出して2に入れ（1と同じ位置）、糸をループ状にします。
3から出し、ループに糸を渡して4（3と同じ位置）に針を入れます（p.47参照）。

❋ スパイダーウェブローズ・ステッチ…花など円形のモチーフをふっくら刺したいときに使用します。
覚えておくと表現のバリエーションが広がります。

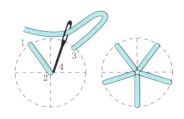  

ストレート・ステッチを外側から中心
に向かって5本刺し、柱にします。

柱の中心近くから出し、
柱に上下交互に糸を通
していきます。

柱が見えなくなるまで繰り返します。
表から見えない位置に針を刺し、裏
側で糸始末をします。

小さなワンポイントモチーフ PHOTO > p.6, 7

[刺繍糸]
緑（2535）
水色（373）
白（100）
黄色（298）
オレンジ（145）

[紙]
アペリオ
クリーム

[刺し方]
・すべて3本どり
・指定以外バック・S
・フレンチノットは
　最後に刺す

ストレート・S

花心はフレンチノット

葉はレゼーデージー・S

フレンチノット

ストレート・S

スパイダー
ウェブローズ・S

フレンチノット

ストレート・S

ストレート・S

ブローチ　Photo > p.7

[刺繍糸]
薄紫 (2172)
水色 (373)
黄色 (701)
白 (100)

[その他の材料 (1個分)]
厚手フェルト…5cm四方
ブローチ金具…長さ2cm　1個

[刺し方]
・すべて3本どり
・指定以外バック・S

[作り方のポイント]
・図案を見ながら、
　チャコペンで写す。
・フェルトに刺繍をし、
　まるくカットして、裏に
　ブローチ金具を接着剤で
　貼るか縫いとめる

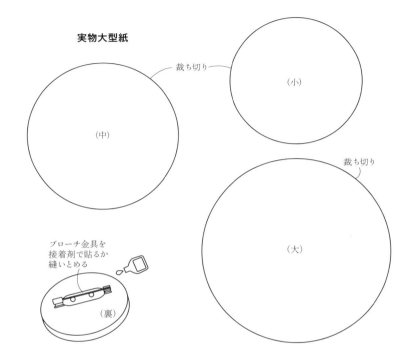

実物大型紙

メッセージカード　Photo > p.7

[刺繍糸]
黄色 (820)
チャコール (895)

[その他の材料 (1個分)]
市販のメッセージカード…縦5.7×横9cm

[刺し方]
・フレンチノットは2本どり
・カードの罫はバック・S、1本どり

お花屋さん　Photo > p.8

[刺繍糸]
チャコール (895)

[紙]
ハイチェック 白

[刺し方]
・すべて2本どり
・指定以外バック・S

[その他の材料]
おりがみ…適宜

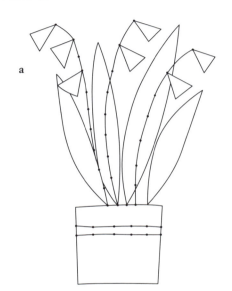

a

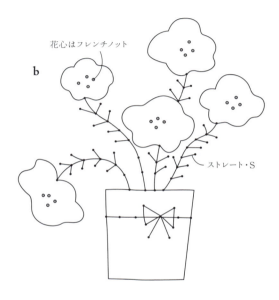

b

花心はフレンチノット

ストレート・S

ADVICE NOTE for paper stiching

今回のように部分的に紙を重ねて刺繍をする図案では、紙を切るときに、印の少し内側を切るようにすると、鉛筆の線を消さなくても済みます。また、「お花屋さん」の図案は、少しくらいカットがずれてもそれが味になるデザインですので、図案通りにきれいに切ることができなくても大丈夫です。花やつぼみなど、紙の際に刺繍をする場合、紙の下に少し入れ込むようにして刺すとステッチ穴が目立たず、見栄えがよくなります。たとえば茎を刺すときは、先に花用のパーツを貼ってからステッチ穴をあけますが、できるだけ花のすぐそばか紙の少し下になるように穴をあけるとよいでしょう。

c

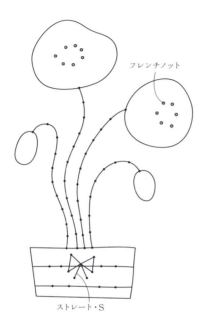

フレンチノット

ストレート・S

d

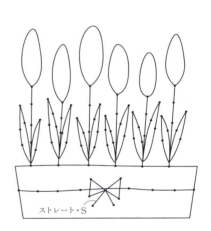

ストレート・S

55

ADVICE NOTE
for
paper stiting

今回の本では、「紙にも刺せる」ということを念頭に置きながら刺繍図案を考えました。紙に穴をあけながら刺していく紙刺繍では、サテン・ステッチなどの面を埋めるステッチは紙がボロボロになってしまうので使うことができません。けれど、線の刺繍だけで表現するよりも、面を埋めるほうが存在感があって可愛さが増します。そこで思いついたのが、斜線で面を埋める方法と紙を重ねる方法です。もしみなさんがオリジナルの図案を作りたいと思ったとき、面を埋める表現をしたい場合はぜひこの2つの方法を試してみてください。きっと可愛く仕上がりますよ。

ブックカバー　Photo＞p.9

[刺繡糸]
白 (100)
ブルーグレー (732)

[紙]
D'CRAFT ブロック
（薄手のクラフト紙でも可）
…A4サイズ　1枚

[その他の材料]
おりがみ…適宜

[刺し方]
・すべて3本どり
・指定以外バック・S

花心はフレンチノット
フレンチノット
ストレート・S
葉はストレート・S

ブックカバー（文庫本サイズ）の作り方

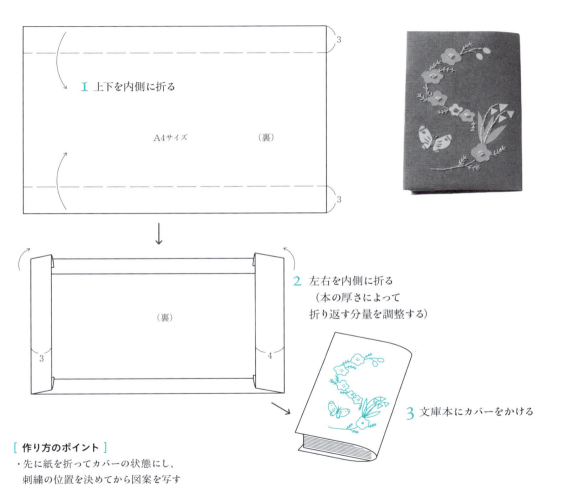

1 上下を内側に折る

A4サイズ　　（裏）

2 左右を内側に折る
（本の厚さによって
折り返す分量を調整する）

3 文庫本にカバーをかける

[作り方のポイント]
・先に紙を折ってカバーの状態にし、
　刺繍の位置を決めてから図案を写す

タンポポのサンプラー　Photo > p.10, 11

［刺繍糸］
白（100）
黄色（820）
チャコール（895）

［紙］
マーメイド グレー4

［刺し方］
・すべて3本どり
・指定以外バック・S

ハンカチ　Photo > p.11

［刺繍糸］
緑（846）
黄色（701）
グレー（2151）

［その他の材料］
市販のハンカチ…約45cm四方

［刺し方］
・すべて3本どり
・指定以外バック・S
・フレンチノットは最後に刺す

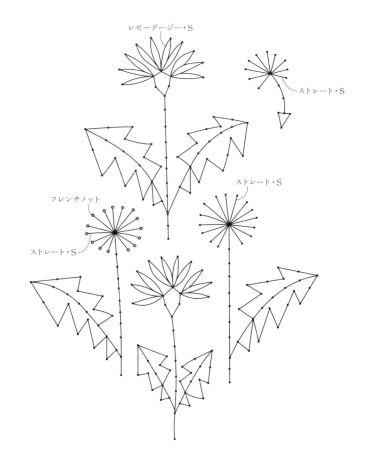

ボタニカルモチーフの
サンプラー

PHOTO > p.16, 17

[刺繍糸]
白（100）

[紙]
マーメイド 桜

[刺し方]
・指定以外6本どり
・指定以外バック・S
・フレンチノットは
　最後に刺す

a・b・c

PHOTO > p.17

[刺繍糸]
ピンク（851）
白（100）
グレー（2154）
緑（2535）

[紙]
a　マーメイド 桜
b　グムンドカシミア-FS 雪
c　NTラシャ 青鼠

[刺し方]
・すべて3本どり
・指定以外バック・S
・aのスパイダーウェブローズ・Sは6本どり
・フレンチノットは最後に刺す

植物モチーフの空想図鑑 6

PHOTO > p.23

[刺繍糸]
白（100）
緑（899）

[その他の材料]
フェルト…適宜

[刺し方]
・すべて6本どり
・指定以外バック・S

ストレート・S

フレンチノット

ストレート・S

フレンチノット
（3本どり）

ストレート・S
（3本どり）

ストレート・S

バック・S
（3本どり）

ストレート・S

フレンチノット

葉はストレート・S
（3本どり）

スパイダー
ウェブローズ・S

59

森からのおくりもの PHOTO > p.12, 13

[刺繍糸]
黒（600）
水色（371）
青（2212）
黄色（298）

[紙]
NTラシャ 灰鼠

[刺し方]
・指定以外3本どり
・指定以外バック・S
・フレンチノットは最後に刺す

フレンチノット（6本どり）
ストレート・S
レゼーデージー・S
レゼーデージー・S
フレンチノット（6本どり）
ストレート・S
ストレート・S

ADVICE NOTE
for
paper stiting

1つの絵の中にたくさんのモチーフがある場合は、1つずつバラバラに配色を考えるより、まずは全体で使う色を1〜5色に絞って、その中から色を振り分けていくようにするとバランスよくまとまります。また、トーンをそろえるようにすると、全体に統一感が生まれます。色をたくさん使いすぎるとごちゃごちゃした印象になるだけでなく、色がスムーズに決められないので注意しましょう。使いたい色が決まったら色鉛筆を用意して、モチーフのどこに何色を使うのか、塗りながら考えるとイメージがつかみやすいです。実際に刺してみると雰囲気が変わる場合もよくあるので、刺しながら変更してもよいでしょう。

ピンクッション　Photo > p.13

[刺繍糸]

水色 (164)
黄色 (298)
黒 (600)
茶色 (368)
白 (100)

[その他の材料 (1個分)]

好みの布…20×10cm
手芸わた…適宜

[刺し方]

・すべて3本どり
・指定以外バック・S
・縫い代を1cmつけて裁つ

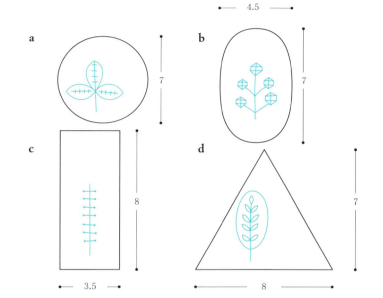

[作り方のポイント]

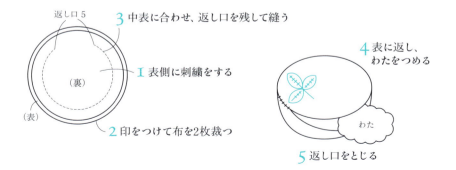

バラとヒナゲシの連続模様　Photo > p.14, 15

[刺繡糸]　　　　　[布]　　　　　　　[刺し方]
a　　　　　　　グリーングレーの麻　・すべて3本どり
白（100）　　　　　　　　　　　　　　・指定以外バック・S
深青（735）　　　　　　　　　　　　　・**a**のフレンチノットは最後に刺す

b
黄色（820）
深青（735）

キーケース　　Photo > p.15

[刺繡糸]

紫（2664）
紺（169）
白（100）

[その他の材料]

ブルーグレーの麻…15×25cm
リボン…1cm幅×45cm

[刺し方]
・すべて3本どり
・指定以外バック・S

[作り方のポイント]
・縫い代は指定外1cmつけて裁つ

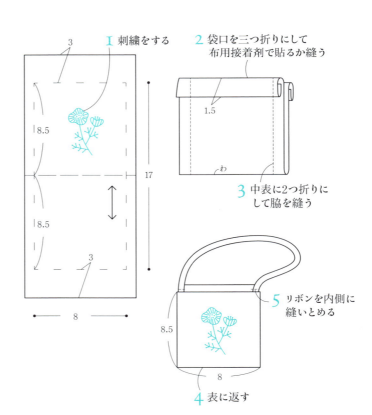

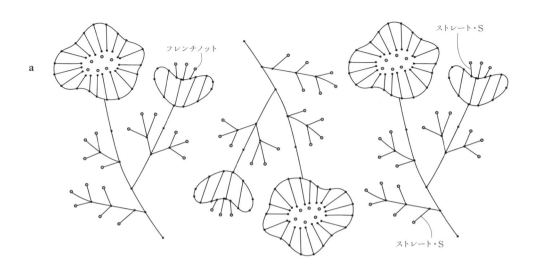

フラワーコレクション Photo > p.18, 19

[刺繍糸]
緑 (2535)
黄色 (700)
赤 (106)
紫 (663)

[紙]
アペリオ クリーム

[刺し方]
・指定以外3本どり
・指定以外バック・S
・トレリスはバック・Sと
　ストレート・S (3本どり)
・花は指定以外2本どり
・フレンチノットは最後に刺す

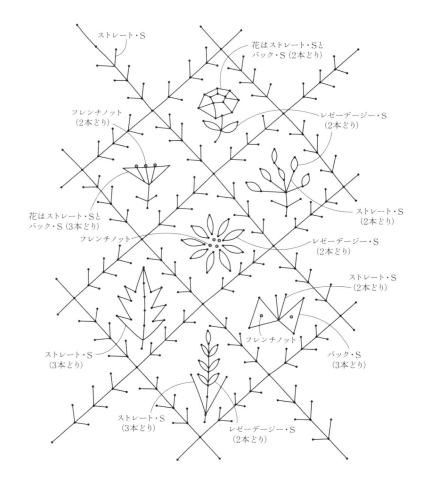

リボン　Photo > p.19

[刺繍糸]
ピンク (106)
白 (100)
緑 (2535)
紫 (663)
茶色 (369)
黒 (600)

[その他の材料]
好みのリボンまたはテープ…適宜

[刺し方]
・指定以外3本どり
・フレンチノットは最後に刺す

a

b・e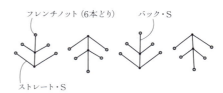

c

d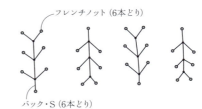

ADVICE NOTE
for
paper stiling

カードなど、贈るものに刺繍をする場合は、裏にも気をつけましょう。紙を貼って隠すこともできますが、裏になるべく糸が渡らないよう、ひと筆書きの要領で刺す順番を考えます。続けて刺すのが難しい場合は、糸を一度切るか、裏の糸の中を通して次の位置まで移動します。

初夏のリース PHOTO > p.20, 21

[刺繍糸]
グレー (2154)
白 (100)
淡ピンク (111)
緑 (846)

[紙]
色上質 あじさい

[その他の材料]
おりがみ…適宜

[刺し方]
・すべて2本どり
・指定以外バック・S
・フレンチノットは最後に刺す

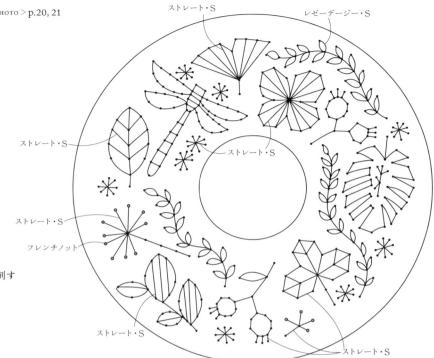

ラッピングペーパー
PHOTO > p.21

[刺繍糸]
白 (100)

[紙]
マーメイド ひまわり

[刺し方]
・すべて2本どり
・指定以外バック・S
・フレンチノットは最後に刺す

[作り方のポイント]
・等間隔に図案を写す

植物モチーフの空想図鑑 7 PHOTO > p.23

[刺繍糸]
白 (100)
緑 (899)
チャコール (895)

[その他の材料]
好みの布・接着芯…適宜

[刺し方]
・すべて2本どり
・指定以外バック・S

[作り方のポイント]
・布の裏に接着芯を貼り、
　刺繍をしてから周囲をカットする

植物モチーフの空想図鑑 2・3　Photo > p.22

[刺繡糸]
黒（600）

[紙]
タント B-5（ブルーグレー）

[その他の材料]
透明水彩絵の具

[刺し方]
・すべて1本どり
・指定以外バック・S

[作り方のポイント]
・紙に図案を写してステッチ穴を
　あける。刺繡をしてから葉と花を
　透明水彩絵の具で薄く塗る

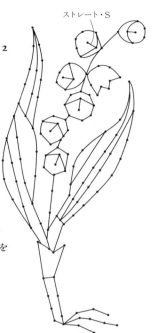

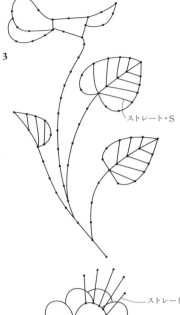

目次より　Photo > p.4

[刺繡糸]
白（100）
黒（600）

[紙]
NTラシャ 桃
マーメイド 白

[その他の材料]
おりがみ…適宜

[刺し方]
・指定以外2本どり
・指定以外バック・S
・紙の重ね方はp.48を参照
・フレンチノットは最後に刺す

北欧のまち並み PHOTO > p.24

[刺繍糸]
赤 (800)
白 (100)
黒 (600)
ベージュ (366)

[紙]
グムンドカシミア-FS 雪

[その他の材料]
ラッピングペーパー…適宜

[刺し方]
・中段の木はすべて3本どり
・下段の木・家・鳥は2本どり
・指定以外バック・S
・紙の重ね方はp.48を参照
・フレンチノットは最後に刺す

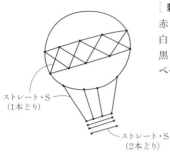

ストレート・S（1本どり）
ストレート・S（2本どり）

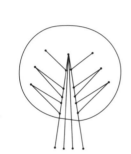
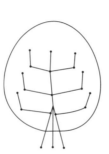
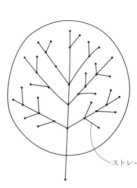
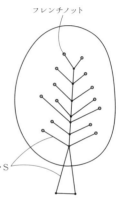

フレンチノット
ストレート・S

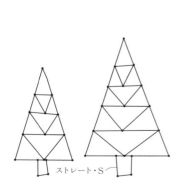

ストレート・S

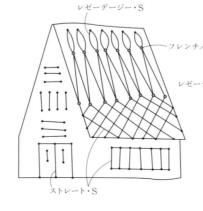

レゼーデージー・S
フレンチノット
ストレート・S

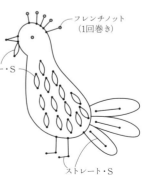

フレンチノット（1回巻き）
レゼーデージー・S
ストレート・S

北欧の夏　Photo > p.25

[刺繍糸]
黒（600）
黄色（298）
緑（320）
白（100）

[刺し方]
・指定以外2本どり
・指定以外バック・S
・フェルトの重ね方は
　p.48を参照

[布]
グリーンの麻

フレンチノット
（3本どり）

ストレート・S

ストレート・S
（3本どり）

フレンチノット

フレンチノット

[その他の材料]
フェルト…適宜

フレンチノット

レゼーデージー・S

ストレート・S

レゼーデージー・S

ストレート・S

植物モチーフの空想図鑑 I　Photo > p.22

[刺繍糸]
白（100）
緑（899）
チャコール（895）

[紙]
アペリオ クリーム

[その他の材料]
おりがみ…適宜

[刺し方]
・すべて2本どり
・指定以外バック・S
・紙の重ね方はp.48を参照
・フレンチノットは最後に刺す

レゼーデージー・S

フレンチノット

ストレート・S

フレンチノット

ストレート・S

フレンチノット

ストレート・S

ワンポイントモチーフのコースター　Photo > p.26, 27

［ 刺繍糸 ］
青（375）
白（100）
黒（600）

［ その他の材料 ］
市販の紙製コースター

［ 刺し方 ］
・すべて2本どり
・指定以外バック・S
・フレンチノットは最後に刺す

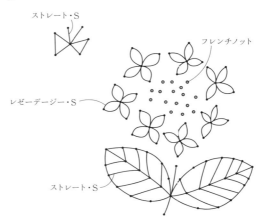

a

b

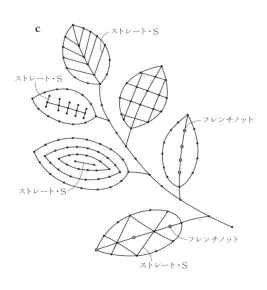

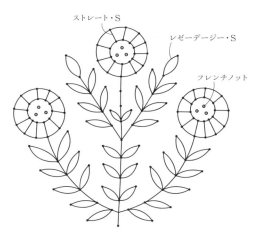

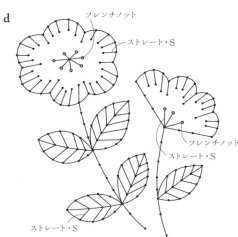

サマーバケーション　　Photo > p.28

[**刺繍糸**]
チャコール（895）
ピンク（105）
白（100）
薄ピンク（111）
緑（899）

[**紙**]
タント P-67（水色）

[**刺し方**]
・すべて2本どり
・指定以外バック・S

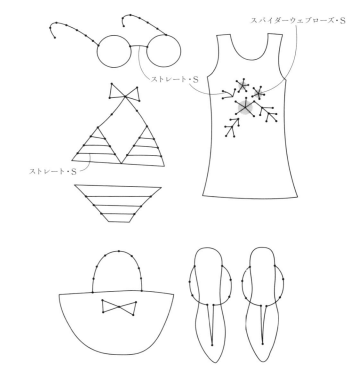

ティータイム　Photo > p.29

[刺繍糸]
緑 (899)
黄色 (1000)
ピンク (105)
チャコール (895)

[紙]
a マーメイド うすあおみどり
b アペリオ クリーム
c NTラシャ 青鼠

[刺し方]
・指定以外2本どり
・枠と数字はバック・S、
　それ以外はストレート・S

[作り方のポイント]
・ピンキングばさみを使って
　周囲をカットし、仕上げる

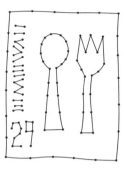
a

b

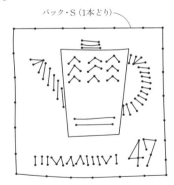
c

花とレースの連続模様　Photo > p.30, 31

[刺繍糸]
白（100）
青（166）
水色（2212）

[紙]
NTラシャ にぶ空

[刺し方]
・eの花のみ3本どり、それ以外すべて2本どり
・指定以外バック・S
・bとcのフレンチノットは最後に刺す

封筒　Photo > p.31

[刺繍糸]
上
黒（600）
淡水色（410A）

下
グレー（152A）
クリーム色（681）

[その他の材料]
市販の封筒

[刺し方]
・すべて2本どり
・指定以外バック・S
・フレンチノットは最後に刺す

ADVICE NOTE
for paper stiting

紙刺繍でもっとも気をつかうのが紙の扱い方です。ステッチ穴をあけて1針ずつ刺していくため、布と違って続けて刺すことができません。表、裏、表、裏……と紙を交互にひっくり返しながらの作業がひたすら続きます。紙が大きくなればなるほど扱いづらく、刺している途中で折れたりいたんだりしやすくなるので注意が必要です。きれいに仕上げるためには、はがき大かそれより少し小さめにカットしてから刺すのがおすすめ。また、厚すぎると刺しづらく、薄いと裏の渡り糸が透けてしまいます。作り方ページには紙の名称も明記していますが、まずは身近な材料を使って刺してみましょう。

a ストレート・S レゼーデージー・S

b ストレート・S フレンチノット

c フレンチノット

75

d レゼーデージー・S

e ストレート・S

ワイルドフラワー　Photo > p.32, 33

[刺繍糸]
白（100）
青（164）
緑（2319）

[刺し方]
・指定以外2本どり
・指定以外バック・S
・フレンチノットはすべて4本どり2回巻き
・フレンチノットは最後に刺す

[紙]
里紙 しだ

[その他の材料]
グラシン紙

植物モチーフの空想図鑑 5　Photo > p.22

[刺繍糸]
緑（899）
白（100）
ピンク（835）

[紙]
NTラシャ 青鼠

[刺し方]
・指定以外2本どり
・指定以外バック・S
・フレンチノットはすべて4本どり2回巻き
・フレンチノットは最後に刺す

手帖　Photo > p.33

[刺繍糸]
グレー（2154）
白（100）

[その他の材料]
市販の手帳

[刺し方]
・すべて2本どり
・指定以外バック・S

しおり　Photo > p.33

[刺繍糸]
緑（636）
黄緑（324）

[紙]
GA - さざなみ せいじ

[刺し方]
・フレンチノットは4本どり、それ以外2本どり
・指定以外バック・S
・フレンチノットは最後に刺す

ハーブガーデン Photo > p.38, 39

[刺繍糸]

a
緑 (2535)
チャコール (895)
黄色 (700)
ベージュ (366)
紫 (554)

b
赤 (2241)
グレー (152A)

[紙]
a グムンドカシミア-FS 雪
b 色上質 あじさい

[刺し方]
・すべて2本どり
・指定以外バック・S
・フレンチノットは最後に刺す

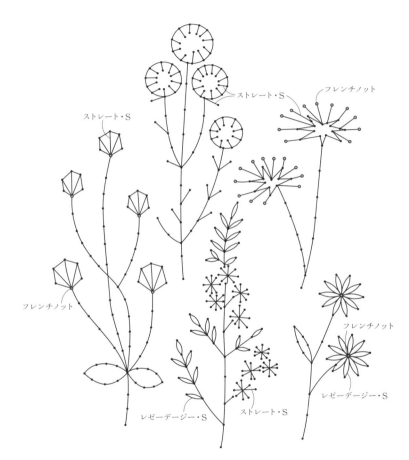

メッセージタグ＆ラベル　PHOTO > p.34, 35

[刺繍糸]
a〜d
黒 (600)
黄色 (702)
緑 (2102)
グレー (152A)
紺 (169)

e
ベージュ (771)
赤 (106)
紺 (169)

f
オレンジ (145)
紺 (169)
緑 (2120)

[紙]
a・d マーメイド 群青
b・c ファーストヴィンテージ カシミア
e ハイチェック 白
f アレザン-FS アボカド

[刺し方]
・**a**はすべて3本どり
・**b**は文字は3本どり、鳥は1本どり、黄色は3本どり、それ以外は2本どり
・**c、e、f**はすべて2本どり
・**d**は指定以外3本どり
・指定以外バック・S
・フレンチノットは最後に刺す

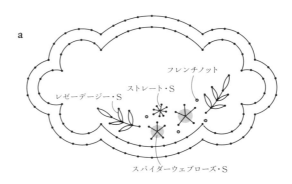

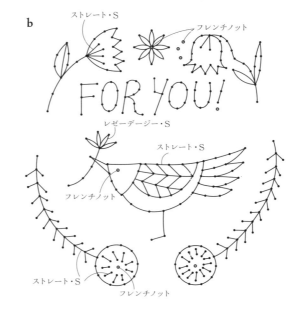

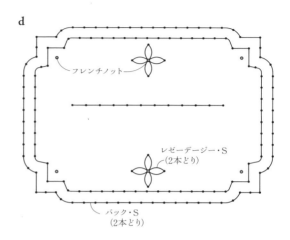

79

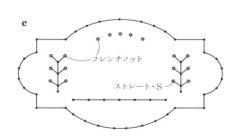
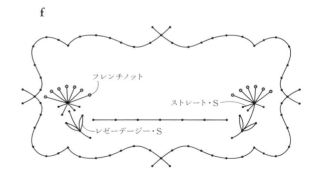

グリーティングカード a　Photo > p.36

[刺繍糸]
赤（800）
ベージュ（681）
グレー（152A）
青（375）
オレンジ（145）

[紙]
NTラシャ にぶ空

[刺し方]
・すべて2本どり
・指定以外バック・S
・枝→葉→花の順に刺す
・フレンチノットは最後に刺す

植物モチーフの空想図鑑 4　Photo > p.22

[刺繍糸]
白（100）
ピンク（835）
グレー（2154）

[紙]
マーメイド サーモン

[刺し方]
・すべて3本どり
・指定以外バック・S
・フレンチノットは最後に刺す

グリーティングカード b　Photo > p.37

[刺繍糸]
緑（2535）
白（100）
黒（600）

[紙]
タントセレクト TS-10 S-3（ダークグレー）

[刺し方]
・すべて3本どり
・指定以外バック・S
・幹と枝→葉→花と実の順に刺す
・フレンチノットは最後に刺す

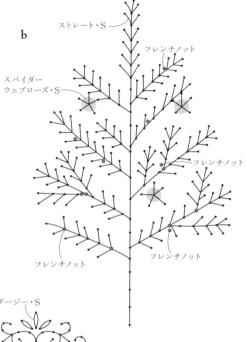

グリーティングカード c　Photo > p.37

[刺繍糸]
白（100）
黒（600）

[紙]
マーメイド 黄色

[刺し方]
・黒は1本どり、白は2本どり
・指定以外バック・S
・フレンチノットは最後に刺す

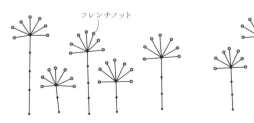

作品デザイン・制作	川畑杏奈
制作協力	大竹涼子、尾崎幸子、齋藤深雪、武石葉月、稗田紀子、東出尚美、渡辺恭子、渡部裕子

〈材料協力〉

株式会社ルシアン（コスモ刺繍糸）
〒532-0004　大阪府大阪市淀川区西宮原1-7-51　ワコール大阪ビル
お客様センター　0120-817-125（通話無料）
　　　　　　　　平日9:00〜17:30（土・日・祝日は除く）
https://www.lecien.co.jp/

ブックデザイン	天野美保子
撮影	天野憲仁
スタイリング	西森 萌
トレース	八文字則子
編集	梶 謡子

5つのステッチでできる

annasの刺繍工房

2016年8月1日　第1刷発行
2023年5月20日　第3刷発行

著　者	川畑杏奈
発行者	吉田芳史
印刷所	株式会社光邦
製本所	株式会社光邦
発行所	株式会社 日本文芸社
	〒100-0003　東京都千代田区一ツ橋1-1-1　パレスサイドビル8F
	TEL 03-5224-6460（代表）

Printed in Japan　112160715-112230512 Ⓝ03 (201019)
ISBN978-4-537-21401-7
URL https://www.nihonbungeisha.co.jp/
©Anna Kawabata　2016
編集担当　吉村

印刷物のため、作品の色は実際と違って見えることがあります。ご了承ください。

本書の一部または全部をホームページに掲載したり、本書に掲載された作品を複製して
店頭やネットショップなどで無断で販売することは、著作権法で禁じられています。

乱丁・落丁本などの不良品がありましたら、小社製作部宛にお送りください。送料小社負担にておとりかえいたします。
法律で認められた場合を除いて、本書掲載の作品の複製頒布、および本書からの複写・転載（電子化を含む）は禁じられています。
また、代行業者等の第三者による電子データ化および電子書籍化は、いかなる場合も認められていません。

8 切って使える実物大図案

こちらの実物大図案は、切り取ってそのまま図案を写したり、直接刺繍をしてカードとして使えるように印刷してあります。作品づくりにぜひ役立ててててください。

p.16 ボタニカルモチーフのサンプラー
HOW TO MAKE > p.59

p.14 バラとヒナゲシの連続模様

HOW TO MAKE > p.62, 63

p.20 　初夏のリース
HOW TO MAKKE > p.66

a

e

p.34 　メッセージタグ＆ラベル
HOW TO MAKE > p.78, 79

p.34 メッセージタグ&ラベル
How to make > p.78, 79

p.34　メッセージタグ＆ラベル
How to makke > p.78, 79

b

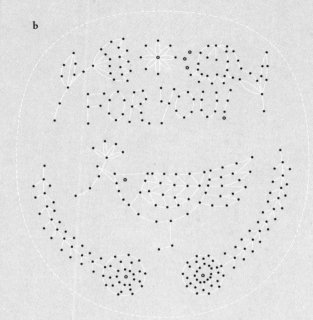

＊自由にカットしてください。

p.22　植物モチーフの空想図鑑 2・3
How to make > p.67

a

p.36 グリーティングカード

How to make > p.80

p.38 ハーブガーデン

How to make > p.77